# Imparare Proverbi e Modi di Dire

di
Sabrina Tedeschi

Copyright 2015-23 © Sabrina Tedeschi.
Tutti i diritti riservati all'Autrice.
Prima edizione: Ottobre 2015

Nella lingua tedesca per **Sprichwörter** si intendono quei proverbi, motti, massime o espressioni della saggezza popolare tramandati per generazioni ed entrati ormai a far parte del patrimonio culturale di ogni individuo.

Con **Redewendungen** o **Redensarten**, invece, ci riferiamo a quelle frasi che, a forza di essere usate comunemente nel linguaggio parlato, sono diventate vere e proprie espressioni idiomatiche.

Nelle pagine seguenti ci divertiremo a impararne più di 150, confrontandoli con i nostri proverbi più famosi e i modi di dire più diffusi.

# Proverbi
# (Sprichwörter)

1) **Dem Weisen genügt ein Wort.**

*A buon intenditor, poche parole.*

2) **Einem geschenkten Gaul schaut man nicht ins Maul.**

*A caval donato non si guarda in bocca.*

3) **Alte Liebe rostet nicht.**

*Il primo amore non si scorda mai.*

Letteralmente: vecchio amore non arrugginisce.

4) **Morgenstund hat Gold im Mund.**
**Der frühe Vogel fängt den Wurm.**

*Il mattino ha l'oro in bocca.*

Letteralmente: l'uccello mattiniero cattura il verme.

5) **Der König ist tot, lang lebe der König!**

*Morto un papa se ne fa un altro.*

Letteralmente: il re è morto, lunga vita al re!

6) **Man muss das Eisen schmieden, solange es heiß ist.**

*Bisogna battere il ferro finché è caldo.*

7) **Schönheit liegt im Auge des Betrachters.**

*La bellezza è negli occhi di chi la sa apprezzare.*

8) **Ausnahmen bestätigen die Regel.**

*L'eccezione conferma la regola.*

9) **Andere Länder, andere Sitten.**
**Man muss mit den Wölfen heulen.**

*Paese che vai, usanza che trovi.*

Letteralmente: bisogna urlare con i lupi.

10) **Was du heute kannst besorgen, das verschiebe nicht auf morgen.**

*Non rimandare a domani quello che puoi fare oggi.*

11) **Leichter gesagt als getan.**
**Sagen und Tun sind zweierlei.**
**Von den Worten zu den Taten ist es ein weiter Weg.**

*Tra il dire e il fare c'è di mezzo il mare.*
*Più facile a dirsi che a farsi.*

12) **Lügen haben kurze Beine.**

*Le bugie hanno le gambe corte.*

13) **Sage mir, mit wem du gehst, und ich sage dir, wer du bist.**

*Dimmi con chi vai e ti dirò chi sei.*

14) **Des Schusters Frau geht in geflickten Schuhen zur Schau.**
**Der Schuster trägt die schlechtesten Schuhe.**

*La moglie del calzolaio va in giro con le scarpe rotte.*

15) **Unter (den) Blinden ist der Einäugige König.**

*In terra di ciechi, beato chi ha un occhio.*

16) **Es ist nicht alles Gold, was glänzt.**

*Non è tutto oro quel che luccica.*

17) **Besser den Spatz in der Hand als die Taube auf dem Dach.**

*Meglio un uovo oggi che una gallina domani.*

Letteralmente: un uccello in mano vale due nel cespuglio.

18) **Wenn man vom Teufel spricht, dann ist er nicht weit.**

**Wenn man vom Wolfe spricht, kommt er gerannt.**

*Parli del diavolo e spuntano le corna.*

19) **Eigenlob stinkt, (Eigenruhm hinkt).**

*Chi si loda s'imbroda.*

Letteralmente: autoincensarsi puzza, la propria gloria zoppica.

20) **An der Frucht erkennt man den Baum.**

*Dal frutto si riconosce l'albero.*

21) **Rom wurde auch nicht an einem Tag erbaut.**

*Roma non fu costruita in un giorno.*

22) **Auge um Auge, Zahn um Zahn.**

*Occhio per occhio, dente per dente.*

23) **Aus den Augen aus dem Sinn.**
**Was ich nicht weiß, macht mich nicht heiß.**

*Occhio non vede, cuore non duole.*
*Lontano dagli occhi, lontano dal cuore.*

24) **Hunde, die bellen, beißen nicht.**

*Can che abbaia non morde.*

25) **Wo ein Wille ist, ist auch ein Weg.**

*Volere è potere.*

26) **Wer nicht wagt, der nicht gewinnt.**

*Chi non risica non rosica.*

27) **Wer mit Hunden zu Bett geht, steht mit Flöhen (wieder) auf.**

*Chi va con lo zoppo impara a zoppicare.*

Letteralmente: se dormi coi cani, ti alzerai con le pulci.

28) **Wer suchet, der findet.**

*Chi cerca trova.*

29) **Hilf dir selbst, so hilft dir Gott.**

*Aiutati che Dio ti aiuta.*

30) **Die Katze lässt das Mausen nicht.**

*Il lupo perde il pelo ma non il vizio.*

Letteralmente: il gatto non smette di cacciare i topi.

31) **Gefahr erkannt, Gefahr gebannt.**

*Uomo avvisato, mezzo salvato.*

Letteralmente: pericolo riconosciuto, pericolo evitato.

32) **Wie die Saat, so die Ernte.**

*Si raccoglie quello che si semina.*

33) **Neugier ist der Katze Tod.**
**Neugierige Katzen verbrennen sich die Tatzen.**
**Der Krug geht so lange zum Brunnen, bis er bricht.**

*Tanto va la gatta al lardo che ci lascia lo zampino.*

Letteralmente: 2) Il gatto curioso si bruciò le zampe. 3) La brocca continua ad andare alla fonte finché non si rompe.

34) **Wer mit dem Schwert kämpft, wird durch das Schwert sterben.**
**Wer das Schwert ergreift, der soll durchs Schwert umkommen.**

*Chi di spada ferisce, di spada perisce.*

35) **Der Apfel fällt nicht weit vom Stamm.**
**Wie der Vater, so der Sohn.**

*La mela non cade mai lontano dall'albero.*
*Tale padre tale figlio.*

36) **Müßiggang ist aller Laster Anfang.**

*L'ozio è il padre dei vizi.*

37) **Besser spät als nie.**

*Meglio tardi che mai.*

38) **Der Schein trügt.**
**Die Kutte macht noch keinen Mönch.**

*Le apparenze ingannano.*
*L'abito non fa il monaco.*

39) **Guter Rat kommt über Nacht.**

*La notte porta consiglio.*

40) **Gelegenheit macht Diebe.**

*L'occasione fa l'uomo ladro.*

41) **Jeder ist seines Glückes Schmied.**

*Ognuno è artefice del proprio destino / della propria fortuna.*

42) **Besser allein als in schlechter Gesellschaft.**

*Meglio soli che male accompagnati.*

43) **Keine Rose ohne Dornen.**

*Non c'è rosa senza spine.*

44) **Man soll den Tag nicht vor dem Abend loben.**

**Man soll das Fell des Bären nicht verteilen, bevor er erlegt ist.**

*Non dire gatto se non ce l'hai nel sacco!*

Letteralmente: 1) non si dovrebbe contare i polli prima di sera. 2) Non si dovrebbe vendere la pelle dell'orso prima di averlo ucciso.

45) **Ein Unglück kommt selten allein.**

*I guai non vengono mai soli. Non c'è due senza tre.*

46) **Wer Wind sät, wird Sturm ernten.**

*Chi semina vento, raccoglie tempesta.*

47) **Eine Schwalbe macht noch keinen Sommer.**

*Una rondine non fa primavera.*

48) **Dem Mutigen gehört die Welt.**

*La fortuna aiuta gli audaci.*

49) **Ein Esel schimpft den anderen Langohr.**

*Il bue dice cornuto all'asino.*

Letteralmente: l'asino dice degli altri che hanno le orecchie lunghe.

50) **Was du nicht willst, dass man dir tu, das füg auch keinem andern zu!**

*Non fare agli altri quel che non vorresti fosse fatto a te.*

51) **Der Zweck heiligt die Mittel.**

*Il fine giustifica i mezzi.*

52) **Wenn die Katze aus dem Haus ist, tanzen die Mäuse auf dem Tisch.**
**Ist die Katze aus dem Haus, tanzen die Mäuse auf dem Tisch.**

*Quando il gatto non c'è, i topi ballano.*

53) **Die Hoffnung stirbt zuletzt.**

*La speranza è l'ultima a morire.*

54) **Erst die Arbeit, dann das Vergnügen.**

*Prima il dovere, poi il piacere.*

55) **Wer zuletzt lacht, lacht am besten.**

*Ride bene chi ride ultimo.*

56) **Der Appetit kommt beim Essen.**

*L'appetito vien mangiando.*

57) **Wer anderen eine Grube gräbt, fällt selbst hinein.**

**Wie man in den Wald hineinruft, so schallt es heraus.**

*Chi la fa, l'aspetti.*

Letteralmente: 1) chi scava una fossa per gli altri, finisce per caderci dentro lui stesso.
2) Ciò che va nel bosco, esce fuori.

58) **Außergewöhnliche Situationen erfordern außergewöhnliche Maßnahmen.**

*A mali estremi, estremi rimedi.*

59) **Not macht erfinderisch.**

*La necessità aguzza l'ingegno.*

60) **Leben und leben lassen.**

*Vivi e lascia vivere.*

61) **Wasche nicht öffentlich deine schmutzige Wäsche.**
**Schmutzige Wäsche wäscht man zu Hause.**

*I panni sporchi si lavano in famiglia.*

62) **Eine Hand wäscht die andere.**

*Una mano lava l'altra (e tutt'e due lavano il viso).*

63) **Wer zuerst kommt, mahlt zuerst.**

*Chi primo/a arriva meglio alloggia.*

64) **Jedem Tierchen sein Pläsierchen.**

**Geschmäcker sind verschieden.**

**Über Geschmack lässt sich nicht streiten.**

*De gustibus non disputandum est.*

65) **Was man sich eingebrockt hat, das muss man auch auslöffeln.**

**Jetzt musst du die Suppe auslöffeln, die du dir eingebrockt hast.**

**Wie man sich bettet, so liegt man.**

*Chi è causa del suo mal pianga sé stesso.*

Letteralmente: 1) uno deve affrontare le conseguenze di quel che ha fatto. 2) Ora devi mangiarti la zuppa che ti sei preparato. 3) Se ti sdrai, poi devi restare sdraiato.

66) **Da kannst du warten, bis du schwarz wirst.**

*Campa cavallo che l'erba cresce.*

Letteralmente: puoi aspettare finché non diventi nero.

67) **Gut begonnen, ist halb gewonnen.**

*Chi ben comincia è a metà dell'opera.*

68) **Wer zuviel fasst, lässt viel fallen.**

*Chi troppo vuole nulla stringe.*

69) **Ein Freund in der Not ist ein wahrer Freund.**
**Freunde in der Not gehen tausend auf ein Lot.**
**Ein Freund in der Not ist ein Freund in der Tat.**

*Gli amici si vedono nel momento del bisogno.*

70) **Blinder Eifer schadet nur.**

*La fretta è cattiva consigliera.*
*La gatta frettolosa fece i gattini ciechi.*

Letteralmente: lo zelo eccessivo fa solo danni.

71) **Solange es Leben gibt, gibt es Hoffnung.**

*Finché c'è vita c'è speranza.*

72) **Irren ist menschlich, aber auf Irrtümern zu bestehen ist teuflisch.**

*Errare è umano, perseverare è diabolico.*

73) **Abendrot, Schönwetterbot. Morgenrot – schlecht Wetter droht.**

*Rosso di sera, bel tempo si spera. Rosso di mattina, la pioggia s'avvicina.*

74) **Abwarten und Tee trinken.**

*Chi vivrà vedrà. Aspetta e vedrai.*

75) **Alle Wege führen nach Rom.**

*Tutte le strade portano a Roma.*

76) **Arbeit adelt.**

*Il lavoro nobilita l'uomo.*

77) **Blut ist dicker als Wasser.**

*Il sangue non è acqua.*

78) **Besser ein Ende mit Schrecken, als Schrecken ohne Ende.**

*Meglio una fine nel terrore che un terrore senza fine.*

79) **Beiß nicht die Hand, die dich füttert.**
**Säge nicht an dem Ast, auf dem du sitzt!**

*Non mordere la mano che ti dà da mangiare.*
*Non sputare nel piatto in cui mangi.*

Letteralmente: non tagliare il ramo su cui sei seduto.

80) **Der Weg zur Hölle ist mit guten Vorsätzen gepflastert.**

*La strada per l'inferno è lastricata di buone intenzioni.*

81) **Hinterher ist man immer klüger.**

*Del senno di poi son piene le fosse.*

Letteralmente: Il senno di poi è sempre più saggio.

82) **Ende gut, alles gut.**

*Tutto è bene quel che finisce bene.*

83) **Gegensätze ziehen sich an.**

*Gli opposti si attraggono.*

84) **Geld stinkt nicht.**

*Pecunia non olet.*

85) **Geteiltes Leid ist halbes Leid.**

*Mal comune mezzo gaudio.*

86) **Vorbeugen ist besser als heilen.**
**Gleich getan ist viel gespart.**
**Doppelt genäht hält besser.**

*Meglio prevenire che curare.*

Letteralmente: 2) Fatto bene, risparmiato un sacco.
3) I punti doppi (su una ferita) tengono meglio.

**87) Im Wein liegt die Wahrheit.**

*In vino veritas.*

**88) Liebe macht blind.**

*L'amore è cieco.*
*L'amore rende ciechi.*

**89) Glück im Spiel, Pech in der Liebe.**
**Pech im Spiel, Glück in der Liebe.**

*Fortunato al gioco, sfortunato in amore.*
*Sfortunato al gioco, fortunato in amore.*

**90) Über vergossene Milch soll man nicht jammern.**
**Über verschüttete Milch lohnt sich nicht zu weinen.**

*È inutile piangere sul latte versato.*

**91) Den Boten trifft keine Schuld.**

*Ambasciator non porta pena.*

92) **Viel Feind, viel Ehr.**

*Tanti nemici, tanto onore.*

93) **Was dich nicht umbringt, macht dich (nur) stärker.**

*Quel che non ti uccide, ti fortifica.*

94) **Wenn der Berg nicht zum Propheten kommt, muss der Prophet zum Berg kommen.**

*Se la montagna non va da Maometto, Maometto va alla montagna.*

95) **Wenn Zwei sich streiten, freut sich der Dritte.**

*Tra i due litiganti il terzo gode.*

96) **Eile mit Weile.**

*Chi va piano va sano e va lontano.*

Letteralmente: Affrettati con un po' di tempo, con meno velocità.

97) **Gelernt ist gelernt.**

*Apprendi l'arte e mettila da parte.*

Letteralmente: Imparato è imparato.

98) **Steter Tropfen höhlt den Stein.**
**Beharrlichkeit führt zum Ziel.**

*Chi la dura la vince.*

Letteralmente: 1) Il gocciolamento costante consuma la pietra. 2) La perseveranza conduce al successo.

99) **Der Mensch denkt, Gott lenkt.**

*L'uomo propone, Dio dispone.*

100) **Der Gast ist wie der Fisch, er bleibt nicht lange frisch.**

*L'ospite è come il pesce, dopo tre giorni puzza.*

101) **Frisch gewagt, ist halb gewonnen.**

*Chi ben comincia è a metà dell'opera.*

102) **Jedem das Seine.**

*A ciascuno il suo.*

103) **Morgen ist auch noch ein Tag.**

*Domani è un altro giorno.*

104) **Reden ist Silber, Schweigen ist Gold.**

*Il silenzio è d'oro, la parola è d'argento.*

105) **Übung macht den Meister.**

*La pratica rende perfetti.*

106) **Vertrauen ist gut, Kontrolle ist besser.**

*Fidarsi è bene, non fidarsi è meglio.*

107) **Allzuviel ist ungesund.**

*Il troppo stroppia.*

108) **Die Zeit heilt alle Wunden.**

*Il tempo cura tutte le ferite.*

109) **Gebt dem Kaiser, was des Kaisers ist.**

*Date a Cesare quel che è di Cesare.*

110) **Ein Apfel am Tag hält den Doktor in Schach.**

*Una mela al giorno leva il medico di torno.*

111) **Auf Regen folgt Sonnenschein.**

*Non tutto il male vien per nuocere.*

Letteralmente: dopo la pioggia arriva il sole.

112) **Schlafende Hunde soll man nicht wecken.**

*Non svegliare il can che dorme.*

113) **Die Kirschen in Nachbars Garten schmecken immer süßer.**

*L'erba del vicino è sempre più verde.*

Letteralmente: le ciliegie nel giardino del vicino hanno un sapore più dolce.

114) **In der Abwechslung liegt die Würze des Lebens.**

*La varietà è il sale della vita.*

115) **Kommt Zeit, kommt Rat.**

*Aspetta e vedrai. Il tempo lo dirà.*

# Modi di Dire (Redewendungen)

1) **Wie du mir, so ich dir.**

**Gleiches mit Gleichem vergelten.**

*Rendere pan per focaccia.*

Letteralmente: 1) come tu a me, così io a te. 2) Ripagare con la stessa moneta.


2) **Für jemanden die Kastanien aus dem Feuer holen.**

*Togliere le castagne dal fuoco a qualcuno.*

3) **Vom Regen in die Traufe.**

*Dalla padella alla brace.*

Letteralmente: dalla pioggia alla grondaia.

4) **Es regnet Bindfäden.**
**Es regnet in Strömen.**
**Es schüttet wie aus Eimern.**

*Piove a catinelle / a secchiate.*

Letteralmente: 1) Viene giù dritta come spaghi. 2) Piove a ruscelli. 3) Piovono secchiate.

5) **Kümmere dich nicht um ungelegte Eier.**

*Non fasciarti la testa prima di rompertela.*

Letteralmente: Non preoccuparti di contare le uova.

6) **Der Tropfen, der das Fass zum Überlaufen bringt.**

*La goccia che fa traboccare il vaso.*

7) **(Du kannst warten) bis die Kühe nach Hause kommen.**
**Da kannst du warten, bis du schwarz wirst.**

*Alle calende greche.*
*Quando gli asini voleranno.*

Letteralmente: 1) Puoi aspettare fino a quando le mucche torneranno a casa 2) fino a che diventi nero.

8) **Die Katze im Sack kaufen.**

*Acquistare a occhi chiusi / a scatola chiusa.*

Letteralmente: comprare il gatto nel sacco.

9) **Zwei Fliegen mit einer Klappe schlagen.**

*Prendere due piccioni con una fava.*

Letteralmente: schiacciare due mosche con un solo colpo.

10) **Seine Hand im Spiel haben.**
**Seine Nase in alles stecken.**

*Ficcare il naso, impicciarsi dei fatti altrui.*

11) **Gleich und gleich gesellt sich gern.**

*Dio li fa e poi li accoppia.*
*Chi si assomiglia si piglia.*

Letteralmente: il simile si unisce volentieri al proprio simile.

12) **Die Radieschen von unten betrachten.**
**Ins Gras beißen.**

*Tirare le cuoia. Essere morto e sepolto.*

Letteralmente: 1) Guardare le margherite dal basso. 2) Mordere la polvere.

13) **Alle Jubeljahre einmal.**
**Alle heiligen Zeiten einmal.**

*Ogni morte di papa.*

Letteralmente: 1) Una volta sola nell'anno del Giubileo. 2) Una volta sola nel giorno dei santi.

14) **Reinen Tisch machen.**

*Fare tabula rasa, piazza pulita.*

15) **Wasser predigen und Wein trinken.**

*Predicare bene e razzolare male.*

Letteralmente: predicare acqua e bere vino.

16) **Die Zeit totschlagen.**

*Ammazzare il tempo.*

17) **Schnee von gestern.**

*È acqua passata.*

Letteralmente: è neve di ieri.

18) **Ganz aus dem Häuschen sein.**
**Wie im siebten Himmel sein.**

*Essere al settimo cielo.*

19) **Das ist mir Wurst.**

*Non me ne frega, non mi tange.*

Letteralmente: Questo mi è salsiccia.

20) **Das Angenehme mit dem Nützlichen verbinden.**

*Unire l'utile al dilettevole.*

21) **Sich mit fremden Federn schmücken.**

*Farsi bello con le penne del pavone.*

Letteralmente: adornarsi di piume prese in prestito.

22) **Weder Hand noch Fuß haben.**

*Non avere né capo né coda.*
*Fare acqua da tutte le parti.*

23) **Keinen Pfifferling wert (sein).**

*Non valere un fico secco.*

Letteralmente: non valere un cantarello / un gallinaccio (fungo).

24) **Auf die Nerven gehen.**

*Stare sulle palle, dare sui nervi.*

## 25) Einen Bären aufbinden.

*Raccontare frottole.*
*Darla a bere.*

Letteralmente: dare a intendere un orso.

## 26) Es ist allerhöchste Eisenbahn!

*Dobbiamo sbrigarci, il tempo stringe.*

Letteralmente: è la ferrovia più alta.

## 27) Durch den Kakao ziehen.

*Prendere per i fondelli / in giro qualcuno.*

Letteralmente: trascinare attraverso la melma (Kakao è la forma meno volgare per merda).

## 28) Nachtigall, ich hör dir trapsen!

*Sento puzza di bruciato.*
*Qui c'è sotto qualcosa.*

Letteralmente: Usignolo, ti sento zampettare.

29) **Viel Glück.**
**Hals- und Beinbruch.**

*Buona fortuna! In bocca al lupo!*

Letteralmente: rompiti collo e gamba.

30) **In des Teufels Küche kommen.**

*Cacciarsi nei guai.*

Letteralmente: finire nella cucina del diavolo.

31) **Er hat einen Vogel.**

*È fuori come un balcone / fuori di testa.*

Letteralmente: ha un uccello.

32) **Sich den Kopf zerbrechen.**

*Lambiccarsi il cervello. Scervellarsi.*

33) **Zu tief ins Glas schauen**.

*Alzare il gomito.*

Letteralmente: guardare in fondo nel bicchiere.

34) **Hummeln im Hintern haben.**

*Avere l'argento vivo addosso.*

Letteralmente: avere i calabroni nel culo.

35) **Aus allen Wolken fallen.**

*Cascare dalle nuvole.*
*Cadere dal pero.*

36) **Gegen Windmühlen kämpfen.**

*Combattere contro i mulini a vento.*
*Come parlare al muro.*

37) **Fersengeld geben.**

*Darsela a gambe, filarsela.*

Letteralmente: girare i tacchi.

38) **In den sauren Apfel beißen.**

*Ingoiare il rospo.*

Letteralmente: dare un morso a una mela acida.

39) **Gute Miene zum bösen Spiel machen.**

*Far buon viso a cattivo gioco.*

40) **Alles über einen Kamm scheren.**

*Fare di tutta l'erba un fascio.*

Letteralmente: tagliare tutto con un solo pettine.

41) **Einen Streit vom Zaun(e) brechen.**

*Sollevare un polverone, litigare.*

Letteralmente: far erompere una baruffa dal recinto.

42) **Auf die lange Bank schieben.**
**Um den heißen Brei herumreden.**

*Menare il can per l'aia, tergiversare, procrastinare.*

Letteralmente: 1) spingere in secondo piano, nel dimenticatoio 2) cavillare del porridge caldo.

43) **Den Ochsen hinter den Pflug spannen.**

**Das Pferd von hinten aufzäumen.**

**Das Pferd beim Schwanz aufzäumen.**

*Mettere il carro davanti ai buoi.*

Letteralmente: legare il bue dietro l'aratro. Imbrigliare il cavallo da dietro.

44) **Das ist nicht auf seinem Mist gewachsen!**

*Questa non è farina del suo sacco.*

Letteralmente: questo non è cresciuto dalla sua merda.

45) **Sich ins Fäustchen lachen.**

*Ridere sotto i baffi.*

46) **Einen Strich durch die Rechnung machen.**

*Mettere i bastoni tra le ruote.*

47) **Luftschlösser bauen.**

*Fare castelli in aria.*

48) **Mit einem blauen Auge davonkommen.**

*Cavarsela per il rotto della cuffia.*

Letteralmente: fuggire con un occhio nero.

49) **Wie auf glühenden Kohlen sitzen.**

*Essere / stare sulle spine.*

Letteralmente: sedere sui carboni ardenti.

50) **Die (Steck)nadel im Heuhaufen suchen.**

*Cercare un ago in un pagliaio.*

51) **Ich bin ganz Ohr.**

*Sono tutt'orecchi.*

52) **Mit einem goldenen / silbernen Löffel im Mund geboren worden sein.**

*Essere nato con la camicia.*

Letteralmente: essere nato con un cucchiaio d'oro / d'argento in bocca.

## 53) **Zwischen Baum und Borke stehen.**

*Trovarsi tra l'incudine e il martello.*

## 54) **Den Gang nach Canossa antreten.**

*Cospargersi il capo di cenere.*

Letteralmente: Cominciare la marcia verso Canossa (la storica auto-umiliazione di Enrico IV di fronte al papa).

## 55) **Die Dinge beim (rechten) Namen nennen.**

*Pane al pane e vino al vino.*

Letteralmente: chiamare le cose col loro nome.

## 56) **Lunte riechen.**

*Gatta ci cova.*

Letteralmente: sentire puzza di bruciato.

## 57) **Die Rechnung ohne den Wirt machen.**

*Fare i conti senza l'oste.*

58) **Und sie lebten glücklich miteinander bis ans Ende ihrer Tage.**

*E vissero tutti felici e contenti.*

59) **Die Würfel sind gefallen.**

*Il dado è tratto.*

60) **Aus der Not eine Tugend machen.**

*Fare di necessità virtù.*

61) **Wer A sagt, muss auch B sagen**.

*Abbiamo fatto 30, facciamo anche 31.*

Grazie per aver scelto questo libriccino.
Se ti è stato utile, aiutami con una recensione.

Sabrina

Milton Keynes UK
Ingram Content Group UK Ltd.
UKHW050621160724
445389UK00012B/527